W0191575

Wolfgang Burk

ReifeZeit

Agentur des Rauhen Hauses

Aus dem Inhalt

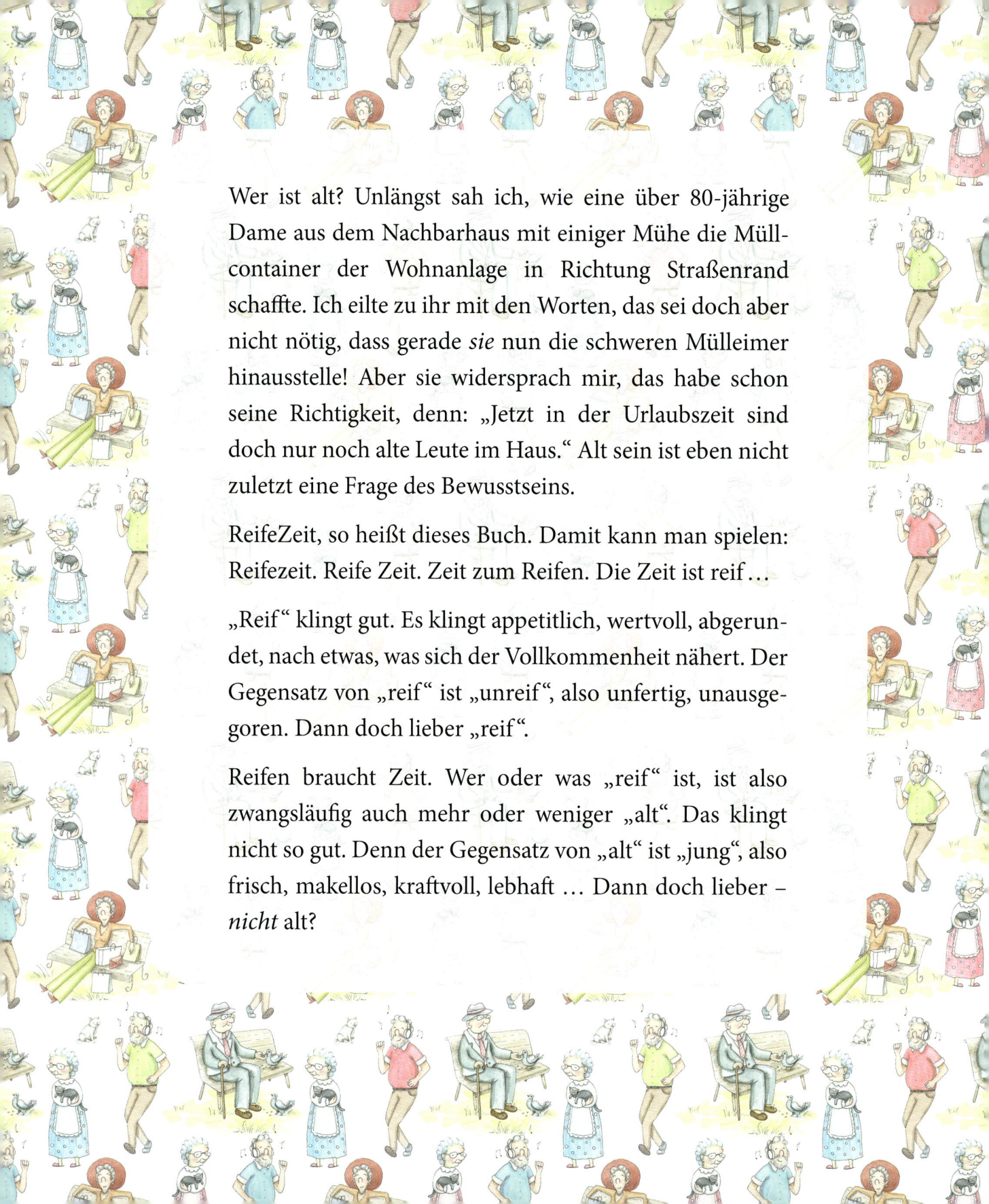

Wer ist alt? Unlängst sah ich, wie eine über 80-jährige Dame aus dem Nachbarhaus mit einiger Mühe die Müllcontainer der Wohnanlage in Richtung Straßenrand schaffte. Ich eilte zu ihr mit den Worten, das sei doch aber nicht nötig, dass gerade *sie* nun die schweren Mülleimer hinausstelle! Aber sie widersprach mir, das habe schon seine Richtigkeit, denn: „Jetzt in der Urlaubszeit sind doch nur noch alte Leute im Haus." Alt sein ist eben nicht zuletzt eine Frage des Bewusstseins.

ReifeZeit, so heißt dieses Buch. Damit kann man spielen: Reifezeit. Reife Zeit. Zeit zum Reifen. Die Zeit ist reif …

„Reif" klingt gut. Es klingt appetitlich, wertvoll, abgerundet, nach etwas, was sich der Vollkommenheit nähert. Der Gegensatz von „reif" ist „unreif", also unfertig, unausgegoren. Dann doch lieber „reif".

Reifen braucht Zeit. Wer oder was „reif" ist, ist also zwangsläufig auch mehr oder weniger „alt". Das klingt nicht so gut. Denn der Gegensatz von „alt" ist „jung", also frisch, makellos, kraftvoll, lebhaft … Dann doch lieber – *nicht* alt?

Dieser Gedanke ist wenig hilfreich. Denn es führt kein Weg umhin: Mit den Jahren werden wir alt. Zum Reifen dagegen gehört viel mehr als das bloße Verstreichen von Zeit. Dazu gehört ein inneres Geschehen, das kaum zu fassen ist, eine Entwicklung, ein Werden. Was daraus erwächst, sind die Früchte eines Lebens.

Der geläufige Blick auf das Alter fragt nach etwas, was *nicht* ist: Alt ist nicht mehr jung. Ein Verlust. Lassen Sie uns andersherum fragen, nämlich danach, was mit dem Alter zu *gewinnen* ist. Darum trägt dieses Buch den Titel „ReifeZeit": Weil wir auflesen wollen, was uns die reife Zeit alles schenken kann.

Ja, dies ist ein Buch über das Alt-Werden und Alt-Sein. Unerhört! Denn Altern ist nicht mehr zeitgemäß. Es gibt auch keine Alten mehr, sondern „Senioren" und allenfalls noch „Hochbetagte". Aber lassen wir uns nichts vormachen! Lassen Sie uns selbstbewusst das Haupt heben und ausrufen: „Ja, ich bin alt!" Das ist keine ganz einfache Übung, und ich meine damit nicht eventuelle Nackenbeschwerden, sondern – nennen wir es einmal: Seelenbeschwerden. Zur Stärkung blättern Sie weiter und finden Sie eine Schatzkiste mit Texten, Geschichten und Gedanken über das Alter und das Älterwerden!

Da kommt mir eben so ein Freund
Mit einem großen Zwicker.
Ei, ruft er, Freundchen, wie mir scheint,
Sie werden immer dicker.

Jaja, man weiß oft selbst nicht wie,
so kommt man in die Jahre;
Pardon, mein Schatz, hier haben Sie
Schon eins, zwei graue Haare.

Hinaus, verdammter Kritikus,
Sonst schmeiß ich dich in Scherben.
Du Schlingel willst mir den Genuss
der Gegenwart verderben!

Wilhelm Busch

Hier und jetzt
Leben im Augenblick

Das Altwerden geschieht schleichend, so, wie es Wilhelm Busch in seinem Gedicht so humorig und anschaulich schildert. Wissen Sie noch, wie es bei Ihnen begonnen hat? Wir tragen heute keinen Zwicker mehr, aber alles andere ist allzu vertraut. Auch die typische Reaktion des nicht mehr jungen, noch nicht alten Menschen: Man möchte es doch lieber nicht hören. Weil es die Laune verdirbt.

Die entscheidenden Zeilen sind die letzten. Der „Kritikus", der uns so genau betrachtet, sind meist wir selber, und der gehört in der Tat hinausgeworfen, wenn er uns den Genuss der Gegenwart verderben will. Bauch, Falten und graue Haare, was soll's. Was das Leben noch an Freude und Genuss bereithält, will ausgekostet sein.

Super gealtert!

Lebensspuren gern gesehen

Seit mein Freund Hermann im Ruhestand ist, widmet er sich mit großer Begeisterung seiner Modelleisenbahn. Ich habe diese, wie ich fand, kindliche Leidenschaft immer ein bisschen belächelt. Obwohl seine Vier-Quadratmeter-Eisenbahnlandschaft wirklich unglaublich lebensecht aussieht. Das hat etwas Faszinierendes. Wie macht er das bloß? Kürzlich gewährte er mir dann einen Einblick in seine Geheimnisse und nahm mich mit in sein Allerheiligstes, seine Modellbahn-Werkstatt.

Bis dahin hatte ich ganz naiv angenommen, man kauft Loks, Waggons, Häuser, Bäume etc., übrigens für ziemlich teures Geld, im Laden, setzt sie in die Landschaft und fertig. Doch weit gefehlt! Hermann hatte sich gerade zwei nagelneue Waggons gekauft und platzierte sie einmal probeweise auf dem Gleis. Seltsam, sie sahen völlig fremd und künstlich aus – eben wie frisch aus der Schachtel. „Natürlich", sagte Hermann mit nachsichtigem Lächeln, „ich muss sie ja auch erst altern!", und begab sich feierlich in seinen Bastelraum. Dort begann er, mit Pinseln und Bürsten zu hantieren, mit Farben und Pulvern, meist in Grau- und Brauntönen, brachte Schichten auf, schrubbte sie wieder ab, so dass nur in den Ritzen dunkle Spuren zurückblieben und ein wolkiger Schmutzschleier auf

den Flächen – und schließlich sah dieser Waggon wirklich aus, als ob er schon Jahrzehnte auf den Bahngleisen verbracht hätte, und fügte sich aufs Beste in die naturgetreue Bahnlandschaft ein. Wie „echt"! „Super gealtert!", sagte ich anerkennend.

Und begann mich zu wundern. Da werden die „schönen" nagelneuen Modellbahnwaggons nun mit großem Aufwand gealtert, wohingegen man im wirklichen Leben die Spuren des Alters am liebsten verstecken möchte. Vor allem an sich selbst. Brust raus, Bauch rein!

So ein Waggon ist nur „echt" mit Schmutz und Kratzern. Dann sieht er richtig gut aus. Und ich? Wenn ich in den Spiegel sehe, seufze ich heimlich über Falten und Tränensäcke, Flecken auf der Haut und schütteres Haupthaar. Wäre ich ein Miniatur-Eisenbahnwaggon, dann hätte mir wahrscheinlich einer all das liebevoll anmodelliert. Damit ich echt aussehe.

Da ist nun also in der nachgebauten Welt hoch angesehen, was wir uns in der wahren Welt nicht zugestehen: Man darf, ja man soll sehen, dass da ein langes Leben drüber hinweg gegangen ist. Ich betrachte mich im Spiegel. Ja wirklich, ich sehe „echt" aus, so wie ich bin. Ich lächle mich an. Ich bin mir sympathisch. Ich bin ich. Dafür musste mir erst ein unecht echter Modellbahnwaggon die Augen öffnen. Super gealtert.

Das Alter ist wie die Woge im Meer.
Wer sich von ihr tragen lässt, treibt obenauf.
Wer sich dagegen aufbäumt, geht unter.

Gertrud von Le Fort

Wie mit den Lebenszeiten,
so ist es auch mit den Tagen.
Keiner ist ganz schön,
und jeder hat,
wo nicht seine Plage,
so doch seine Unvollkommenheit.
Aber rechne sie zusammen,
so kommt eine Summe
Freude und Leben heraus.

Friedrich Hölderlin

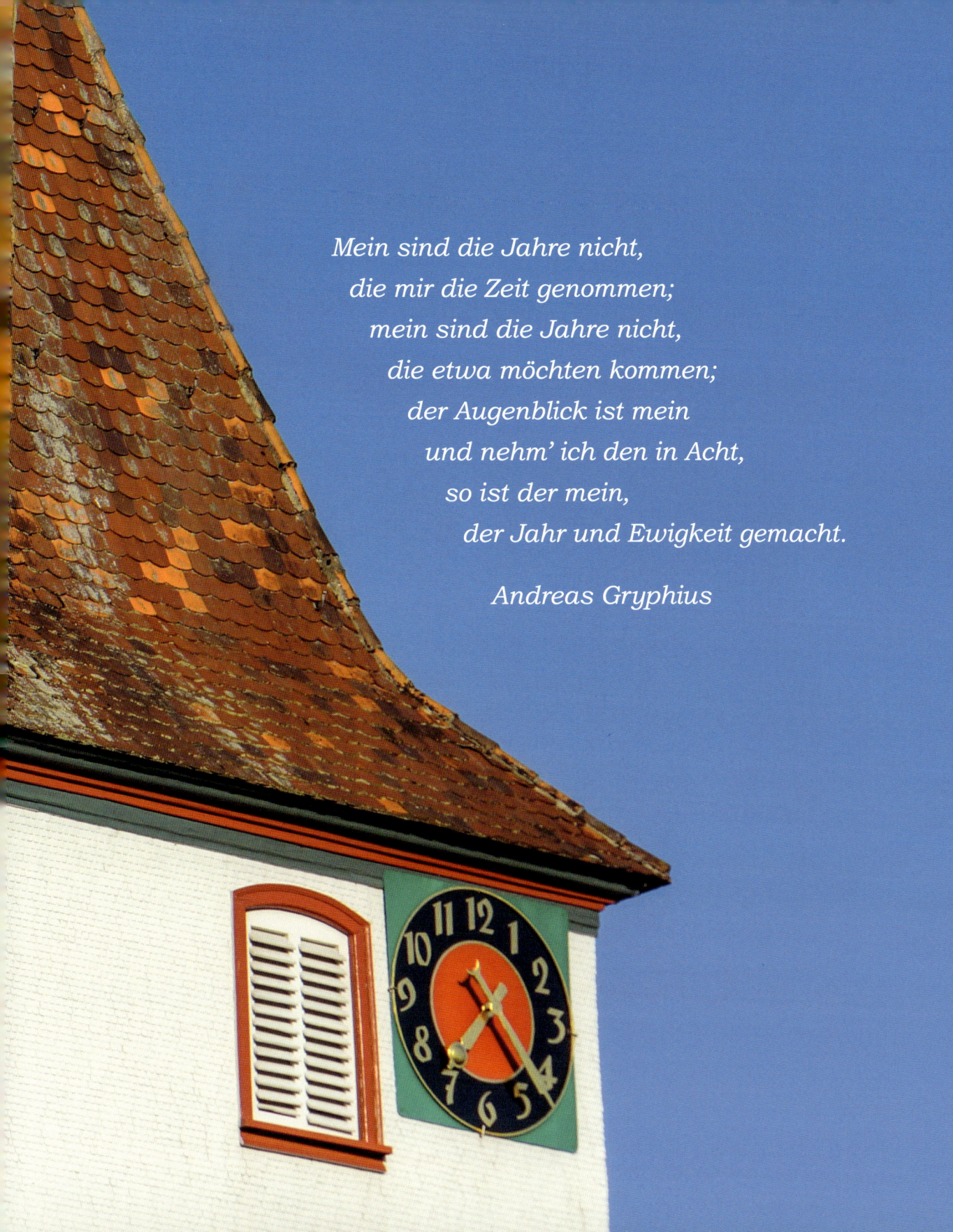

Mein sind die Jahre nicht,

die mir die Zeit genommen;

mein sind die Jahre nicht,

die etwa möchten kommen;

der Augenblick ist mein

und nehm' ich den in Acht,

so ist der mein,

der Jahr und Ewigkeit gemacht.

Andreas Gryphius

Loslassen!

Von den Leiden des Ruhestands

Ein häufig beklagtes Leid älterer Menschen, insbesondere der Männer, ist der Bedeutungsverlust. Mancher, der in seiner aktiven Berufs- oder Vereinszeit eine gehobene Position innehatte und auf dessen Wort gehört wurde (oder der zumindest der Überzeugung war, dass es so sei), kann sich auf dem Altenteil nur schwer einfinden. Um es noch direkter zu sagen: Es geht um die Männer, die nicht loslassen können: Der Seniorchef, der in Ehren verabschiedete Vereinsvorsitzende … – sie alle sehen sich plötzlich in eine nie gekannte Leere geworfen. Wenn sie dann lauthals die herrliche Freiheit des Ruhestands loben, so ist es doch in Wirklichkeit eher ein Pfeifen im Dunkeln. Typische Symptome dieses Zustands sind zum einen ein fiebriges Tätigsein, dessen mangelnder Erfolg ausschließlich der missgünstigen Umgebung zugeschrieben wird, zum anderen, und in gewissem Widerspruch dazu, ein überbordendes Bedürfnis nach Ehrungen, zum Beispiel in Form von ausufernden Huldigungen zum siebzigsten Geburtstag oder mindestens einer Doppelseite mit Foto in der Jubiläumsschrift.

Allen, die solche Regungen in sich spüren, sei das nebenstehende Gedicht von Gotthold Ephraim Lessing ans Herz gelegt. Die letzte Zeile ist die schönste.

Die Ehre hat mich nie gesucht;
die hätte mich auch nie gefunden.
Wählt man, in zugezählten Stunden,
ein prächtig Feierkleid zur Flucht?

Auch Schätze hab' ich nie begehrt.
Was hilft es, sie auf kurzen Wegen
für Diebe mehr als sich zu hegen,
wo man das wenigste verzehrt?

Wie lange währt's, so bin ich hin
und einer Nachwelt untern Füßen!
Was braucht sie, wen sie tritt,
zu wissen?
Weiß ich nur, wer ich bin!

Gotthold Ephraim Lessing

Alt – echt – wertvoll

Wenn der Lack ab ist

Neu ist frisch, alt ist verbraucht. Also ist neu gleich gut. Meint man so. Muss aber nicht so sein.

Zum Beispiel die Steckdosen. Im Ernst. In unserem Treppenhaus wurden die Steckdosen ausgetauscht. Raus mit dem alten Zeug aus den Fünfzigern. Schöne neue rein. Aus Plastik. Schick. Nur eine Steckdose, die unter der Kellertreppe, hat der Elektriker vergessen. Dann gab es einen Kurzschluss. Danach waren die neuen Steckdosen gar nicht mehr schick, sondern angeschmolzen und verkohlt. Die unter der Kellertreppe aber, die aus Keramik, war völlig unversehrt. Was soll man da bitte denken?

Meine Tochter hat schon ihr drittes Rührgerät. Dabei waren das alles Markengeräte. Meins ist etwa ein Vierteljahrhundert alt und läuft nach Hunderten von Kuchenteigen noch immer wie am Schnürchen. Und von Rasenmähern und Stehlampen will ich erst gar nicht reden.

Diese neuen Sachen sehen ja meistens ziemlich gut aus. Und die alten daneben sehen dann alt aus. Aber ich habe schon oft genug erlebt, wie schnell sich das ändert. Da ein Kratzer – Furnier ab –, nichts zu retten mit Möbelpolitur wie beim alten Möbel aus Massivholz. Dort löst sich die

Beschichtung an der Kante. Hier ist eine Plastiköse abgebrochen. Die Schaumfüllung quillt auf. Die Lackschicht vergilbt. Und so weiter und so weiter.

Die Zeit, das Alter, die Abnutzung bringen es an den Tag: das wahre Wesen. Die Wirklichkeit unter der schönen Oberfläche. Das Echte altert mit Würde, das Unechte zerfällt. Oder andersrum gesehen: Im Alter erkennt man, was echt ist. Der Plastik-Efeu ist nach zwei Sommern gelb statt grün. Das Marmordekor schlägt Blasen. Das Lederimitat bröselt. Alles nichts wert.

Alt – echt – wertvoll. Da gibt es einen Zusammenhang! Neu und jung ist immer glatt und schön und farbenfroh. Dann kommen Kratzer und Stöße, Erschütterungen, Hitze und Kälte, Staub und Schmutz. Und mangelnde Pflege, wer könnte davon nicht ein Lied singen.

Das echte alte Schätzchen aber kann man auch nach Jahren wieder vom Speicher holen, schrubben, schleifen und polieren, Schrauben nachziehen, Löcher ausspachteln, dann steht es da, mit ein paar Macken und Schrunden vielleicht, aber doch in neuer alter Pracht. Es hat so lange gehalten, durch alle Stürme des Lebens. Es wird auch noch länger halten. Es verdient mein Vertrauen.

Bis in euer Alter
bin ich derselbe,
und ich will euch tragen,
bis ihr grau werdet.

Jesaja 46,4

Alt – echt – wertvoll. Das kann man auch bei uns Menschen so sehen. Die bewährte Freundschaft. Die alte Liebe. Die bleibende Überzeugung. Die Glaubensgewissheit. In langen Jahren haben sie bewiesen, dass sie unser Vertrauen verdienen.

Und so wünsche ich mir auch meine späten Jahre. Da wird, da muss auch nicht alles schön, glatt und glänzend sein. Eher angeschlagen und gezeichnet von den Jahren. Das geht in Ordnung. Es gibt Wichtigeres für mein Leben. Hauptsache, es ist: alt – echt – wertvoll.

Herr Gott, du und ich, wir haben ein Geheimnis.
Das Altwerden bringt einiges mit sich, was Spaß macht.
Wir müssen uns nicht mehr von der Welt plagen lassen.
Die Leute übersehen uns. Wir brauchen nicht mehr
den Schein zu wahren, sondern können auf kindliche
Freuden zurückgreifen: Zusehen, wie eine Spinne
ihr Netz webt. Vor einem Licht Schattenbilder an die
Wand werfen. Statt einer Hauptmahlzeit Kompott mit
Sahne essen. Die ganze Nacht wach bleiben. Sterne
zählen. Trödeln. Zu Hause bleiben und mit einem alten
Freund Schach spielen. Einen verrückten Hut tragen. –
Warum hast du mir nicht verraten, dass das Altwerden
neben allem, was ich daran hasse, auch manches
Vergnügen mit sich bringt?
Ach, ich weiß: Weil ich es nie geglaubt hätte.

nach Elise Maclay

„Ist das alt!?"

Wurzeln im Damals

Vor etlichen Jahren hatten wir eine Austauschschülerin aus Neu-seeland zu Gast. Um ihr Deutschland näherzubringen, machten wir Ausflüge zu all den Orten in der Umgebung, zu denen man eben Ausflüge macht: malerische Altstädte mit Fachwerkhäusern, Kir-chen, Klöster, Burgen, Schlösser. Wichtigstes Utensil unseres Gastes war ihre *camera*. Was dann per Foto festgehalten wurde, war weniger eine Frage der Schönheit als vor allem des Alters. „Ist das alt?" war ihre Standardfrage, bevor der Fotoapparat gezückt wurde. Je älter, desto besser. Und wenn es nur eine krumme Steintreppe war.

Die Erklärung liegt auf der Hand: Sie kam aus einem Land, in dem es wenig Altes und fast nichts *ganz* Altes gibt. Spuren alter Kulturen sind kaum erhalten, die neue beginnt erst im 17. Jahrhundert, von Anfang des 19. stammen die ältesten Gebäude. Eine Kathedrale aus dem 11. Jahrhundert, ein Stadt-tor aus dem 15. ist da eine Sensation. Allerdings hatte unser Austauschgast verstanden: Manches sieht nur alt aus und ist es eigentlich gar nicht, sondern nur nachgemacht. Daher die stete Fra-ge: „Ist das alt?" Wirklich alt?

Warum ist das eigentlich so wichtig? Warum macht es so einen Unterschied, ob es *wirklich* alt ist? Man muss nicht aus Neuseeland stammen, um das nachempfinden zu können: Ganz alt. Uralt. Aus grauer Vorzeit. Fast ewig. Nein, es geht nicht um Zahlen, um anno 1270 oder 1520, nicht um Romanik oder Gotik, alles sehr schön und interessant, aber nicht das Wesentliche. Zuallerst geht es um die schiere Zeitspanne, die über dieses Gebilde hinweggegangen ist und Spuren hinterlassen hat, sichtbare und unsichtbare. Alte Mauern atmen eine Würde, einen Ernst, eine Stille, die nicht zu hören ist, sondern zu spüren. Eine Stille, die den Lärm ringsum übertönt. Es ist ein Gefühl, wie wenn diese Dinge, an denen so viel Leben vorübergeweht ist, eine eigene Lebendigkeit, ja, eine eigene Seele bekommen hätten.

Millionen werden ausgegeben, um sie zu erhalten – Bauwerke, manchmal auch alte Bäume oder Felsformationen. Und das heutzutage, wo man doch eigentlich „vernünftig" ist, stets nach dem Zweck und Nutzen fragt. Ist das denn vernünftig, sich zu stemmen gegen das Bröckeln und

Rutscheln, das Rieseln und Rotten, gegen den unerbittlichen Zahn der Zeit? – Wir wollen das nicht hergeben, wir wollen es noch festhalten! Warum?

Weil es uns Halt gibt. Die Zeit rennt und wirbelt, alles wird anders, wir rennen mit. Die Dorfkirche aber steht, der Bergfried ragt. Wie ein alter, verrosteter, aber unzerstörbar starker Eisennagel, tief verankert in der Vergangenheit, damit die Gegenwart uns nicht fortreißt.

Gar nicht so anders ist es mit den menschlichen Zeugen der Vergangenheit. Das Gespräch mit einem sehr alten Menschen hat selten einen konkreten, benennbaren „Nutzen", aber oft berührt es uns bis in die Tiefe. Einfach weil dieser Mensch – mit dem wir vielleicht gar nicht näher bekannt sind –

so alt ist. Weil diese Frau, dieser Mann in einer Zeit gespielt, gelacht, geweint, geliebt hat, als die stumme Schwarz-Weiß-Welt aus den Fotoalben bunt und voller Geräusche war. Sie haben ihr Leben gelebt und sie sagen: Wo ist die Zeit geblieben?

Die meisten von uns mussten schon einmal einen nahestehenden alten Menschen zu Grabe tragen. Einen, der doch immer da gewesen war. Die Leere, die bleibt, fühlt sich an wie herausgerissene Wurzeln – Wurzeln in der Vergangenheit, im Gewesenen, aus dem heraus wurde, was ist. Die Basis wird uns entzogen, Stück um Stück. Wir retten uns zu einem alten Baum, in eine alte Kirche.

Und irgendwann erkennen wir, dass jetzt wir selbst die Basis sind, auf der das Weltgerüst der Jüngeren steht, an dem sie sich festhalten, während sie die Nase in den Sturm der Zeit strecken. Wir müssen dafür nichts Besonderes sein, nicht klug und nicht wichtig. Nur eines: alt.

Krone der Ehre

Das Alter in der Bibel

„Graue Haare sind eine Krone der Ehre", heißt es in Sprüche 16,31. In biblischer Zeit genossen die Alten großes Ansehen. Ihre Erfahrung und ihr Rat wurden hoch geschätzt. Unzählige Male kommt der Begriff „Älteste" in der Bibel vor: die Ältesten Israels; die Ältesten zur Zeit Jesu, die – häufig in einem Atemzug genannt mit Hohepriestern und Schriftgelehrten – eine eher unrühmliche Rolle spielen; in den Briefen des Neuen Testaments die Ältesten in den christlichen Gemeinden. Damals hatten die „Ältesten" tatsächlich noch etwas mit dem Alter zu tun, im Unterschied zu heutigen Ältestenräten, z. B. in Parlamenten, wo nicht viele Jahre gefragt sind, sondern viel Erfahrung.

> *Ihr Jüngeren, ordnet euch den Ältesten unter.*
>
> *1. Petrusbrief 5,5*

> *Die Ältesten, die der Gemeinde gut vorstehen, die halte man zweifacher Ehre wert, besonders, die sich mühen im Wort und in der Lehre.*
>
> *1. Timotheus 5,17*

Man muss sich unter diesen „Ältesten" allerdings eine Altersgruppe vorstellen, die man heute eher als „Männer in den besten Jahren" bezeichnen würde. Sie hatten die höchste Autorität in Familie und Sippe, sie waren die Leiter und Wortführer im öffentlichen Leben.

Aber auch die ganz Alten hatten eine besondere Würde. Es galt als unbedingte Verpflichtung der Jungen, sich um ihre alten Eltern zu kümmern, wenn sie hilfsbedürftig wurden, und sie trotz aller Gebrechen und Wunderlichkeiten wertzuschätzen.

Vielen zentralen Gestalten des Alten Testaments wird das sprichwörtliche „biblische

Mein Kind, nimm dich deines Vaters im Alter an und betrübe ihn ja nicht, solange er lebt; und habe Nachsicht mit ihm, selbst wenn er kindisch wird, und verachte ihn nicht im Gefühl deiner Kraft.
Jesus Sirach 3,12.13

Alter" nachgesagt. Abraham, Isaak und Hiob sterben „lebenssatt" mit weit über 100 Jahren, und über Mose hören wir, dass er bis zu seinem Tod mit 120 Jahren noch „rüstig" gewesen sei. All diese hatten, wie die Bibel berichtet, kein leichtes Leben, aber ein *langes* Leben gilt immer als *gottgesegnetes* Leben, auch wenn es voll Sorge und Mühe war.

Andererseits werden auch die Leiden des Alters nicht verschwiegen. „Und es begab sich, als Isaak alt geworden war und seine Augen zu schwach zum Sehen wurden, rief er Esau, seinen älteren Sohn…" Bekanntlich nützt dessen Bruder Jakob die Sehschwäche des alten Mannes dann schamlos aus, um sich den väterlichen Segen zu erschleichen. Auch David, der große König, bleibt nicht ewig stark und verwegen. Als er „alt war und hochbetagt, konnte er nicht warm werden, wenn man ihn auch mit Kleidern bedeckte". Man schafft ein schönes Mädchen herbei, um ihn zu „wärmen", aber „der König erkannte sie nicht". Die Geschichte Gottes mit den Menschen ist eben so ganz von dieser Welt.

*Die gepflanzt sind
im Hause des Herrn,
werden in den Vorhöfen
unsres Gottes grünen.
Und wenn sie auch alt werden,
werden sie dennoch blühen,
fruchtbar und frisch sein*

Psalm 92,14.15

Wenn die Hüter des Hauses zittern
Die Gebrechen des Alters aus biblischer Sicht

Im Prediger-Buch findet sich eine poetische Schilderung der Beschwerlichkeiten des Alters. So manches aus dieser alttestamentlichen Zeit kommt uns auch heute noch allzu bekannt vor. Sollten Sie Verständnisprobleme haben: Die Übersetzung aus der Gute-Nachricht-Bibel bietet eine Auflösung der Metaphern.

Prediger 12 (nach Luther)

1 Denk an deinen Schöpfer in deiner Jugend, ehe die bösen Tage kommen und die Jahre nahen, da du wirst sagen: „Sie gefallen mir nicht"; **2** ehe die Sonne und das Licht, der Mond und die Sterne finster werden und die Wolken wiederkommen nach dem Regen, – **3** zur Zeit, wenn die Hüter des Hauses zittern und die Starken sich krümmen und müßig stehen die Müllerinnen, weil es so wenige geworden sind, wenn finster werden, die durch die Fenster sehen, **4** wenn die Türen an der Gasse sich schließen, dass die Stimme der Mühle leise wird und sie sich hebt, wie wenn ein Vogel singt, und alle Töchter des Gesanges sich neigen; **5** wenn man vor Höhen sich fürchtet und sich ängstigt auf dem Wege.

Prediger 12 (nach Gute Nachricht Bibel)

1 Denk an deinen Schöpfer, solange du noch jung bist, ehe die schlechten Tage kommen und die Jahre, die dir nicht gefallen werden. 2 Dann verdunkeln sich dir Sonne, Mond und Sterne und nach jedem Regen kommen wieder neue Wolken. 3 Dann werden deine Arme, die dich beschützt haben, zittern und deine Beine, die dich getragen haben, werden schwach. Die Zähne fallen dir aus, einer nach dem anderen; deine Augen werden trüb 4 und deine Ohren taub. Deine Stimme wird dünn und zittrig. 5 Das Steigen fällt dir schwer und bei jedem Schritt bist du in Gefahr, zu stürzen.

Es gibt zwei Wege, das Leben zu verlängern,
erstens, dass man die beiden Punkte
geboren und gestorben
weiter voneinander bringt
und also den Weg länger macht; (...)
in diesem Fache haben einige unter den Ärzten
sehr viel geleistet.

Die andere Art ist,
dass man langsamer geht
und die beiden Punkte stehen lässt, wo Gott will;
und dieses gehört sich für die Philosophen;
diese haben nun gefunden,
dass es am besten ist,
dass man zugleich botanisieren geht, zickzack,
hier versucht über einen Graben zu springen
und dann wieder herüber,
wo es rein ist und es niemand sieht,
einen Purzelbaum wagt
und so fort.

Georg Christoph Lichtenberg

„Früher war alles besser!"
Zurück in die Zukunft

Kohleheizung, Ziehspülung, Kochwäsche im Kessel, Fahrräder ohne Gangschaltung, Hotelduschen am Flurende, die Luft im Ruhrgebiet … – nein, früher war ganz sicher *nicht* alles besser. Aber doch manches. Je älter wir werden, desto umfassender wird die Erkenntnis, dass so mancher gepriesene Fortschritt gar kein Fortschritt ist, beziehungsweise, dass er in die falsche Richtung geht.

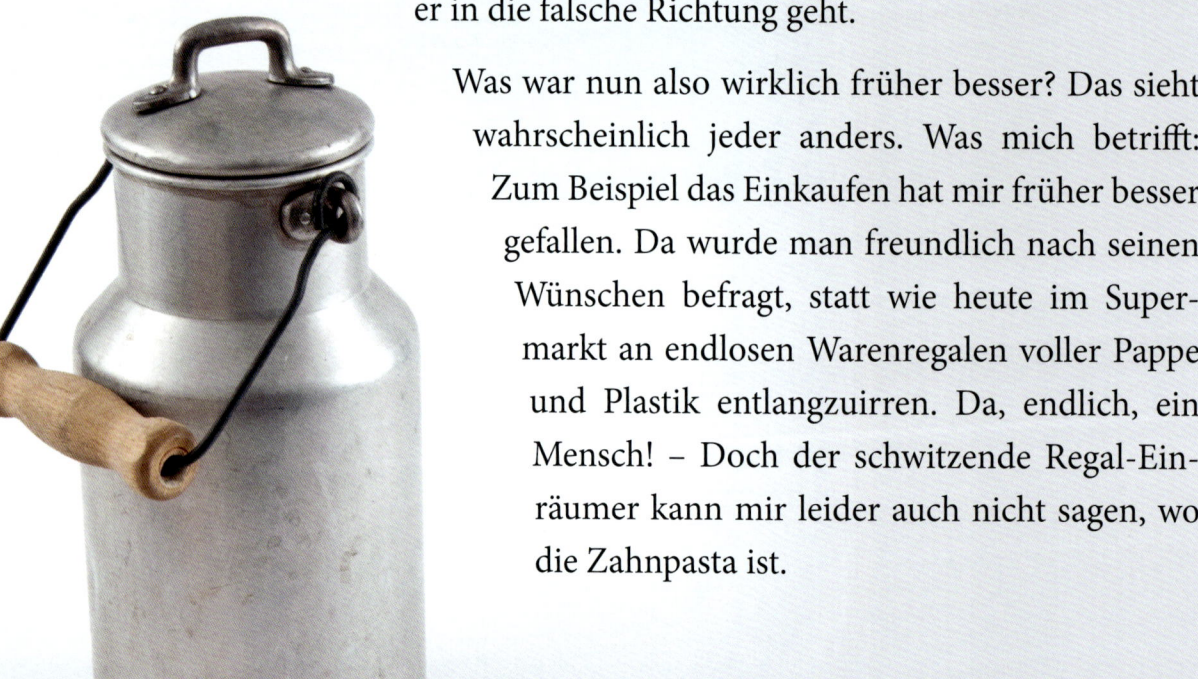

Was war nun also wirklich früher besser? Das sieht wahrscheinlich jeder anders. Was mich betrifft: Zum Beispiel das Einkaufen hat mir früher besser gefallen. Da wurde man freundlich nach seinen Wünschen befragt, statt wie heute im Supermarkt an endlosen Warenregalen voller Pappe und Plastik entlangzuirren. Da, endlich, ein Mensch! – Doch der schwitzende Regal-Einräumer kann mir leider auch nicht sagen, wo die Zahnpasta ist.

Überhaupt: die Menschen. Früher gab es überall Menschen. Der Tankwart, der Straßenbahnschaffner, der Milchmann… Heute kommt zwar immerhin noch der Paketbote, aber immer im Laufschritt, und fünf Sekunden nach dem Klingeln wird schon die Abholkarte eingeworfen. Da bin ich mal wieder zu langsam gewesen. Aber der arme Mann schafft nun mal im Akkord.

Überhaupt: die Zeit. Keiner hat mehr Zeit. Zeit ist Geld. Seltsam: Früher haben wir auch was geschafft. Wenn es sein musste, auch schnell. Aber nicht im Dauerlauf! Wer heute langsam macht, hält nur den Betrieb auf. Weg da! Keine Zeit zum Innehalten, Hinsehen, Grüßen, für ein paar freundliche Worte.

Überhaupt: die Höflichkeit. Es gibt da so ein paar schöne altmodische Worte. „Zuvorkommend" zum Beispiel, „bescheiden", „aufmerksam", „rücksichtsvoll" oder gar „liebenswürdig". Natürlich, früher haben auch nicht alle immerzu gelächelt, aber

man hat sich doch bemüht. Damals war der Hausmeister bärbeißig. Heute ist jedermann im besten Falle geschäftsmäßig, sachlich und korrekt. Da ist mir der knurrige Hausmeister doch lieber.

Welch ein großes Seufzen! Dabei wollen wir ja eigentlich nicht zu diesen Alten gehören, die immer jammern. Wobei unsere Zeit allerdings so schnelllebig geworden ist, dass man manchmal schon Dreißigjährige seufzen hört: „Früher war alles besser." Ich sehe da einen Hoffnungsschimmer. In manchen Kreisen ist viel die Rede von „Respekt", „Begegnung", „Achtsamkeit" oder sogar „Entschleunigung". Selbst jüngere Leute, die nie erlebt haben, dass es auch anders geht, scheinen zu spüren, dass ihnen etwas fehlt, dass etwas geschehen muss. Und egal, ob man es nun „Umdenken" nennen will oder „Rückbesinnung" – wenn sich etwas ändern soll, dann ist der Blick nach vorn zu richten.

Wer auf die Botschaft der Bibel hört, wird es sicher ebenso sehen. Schließlich sind da ständig Leute im Aufbruch und auf dem Weg. Namentlich im Neuen Testament geht es ausdrücklich *vorwärts*: „Ich vergesse, was dahinten ist, und strecke mich aus nach dem, was da vorne ist…" Und den neuen Wein füllt man nicht in alte Schläuche. Jesus ist sehr damit beschäftigt, alte Zöpfe abzuschneiden. Obwohl er andererseits immer den alten Glauben hochhält. Früher war nämlich auch schon zu seiner Zeit manches besser.

Wirklich, Rückbesinnung lohnt sich. Und gelegentlich ist heute sogar der Rat der „Alten" gefragt: „Wie ist das eigentlich früher gegangen?" Lasst uns also alle zusammen, Jung und Alt, mit Bedacht zusammenarbeiten am wirklichen Fortschritt – dem Fortschritt in die richtige Richtung, hin zu einem besseren Leben!

Niemand reißt einen Lappen
von einem neuen Kleid
und flickt ihn auf ein altes Kleid;
sonst zerreißt man das neue
und der Lappen vom neuen
passt nicht auf das alte.

Lukas 5,36

Wer zwingen will die Zeit,
den wird sie selber zwingen;
Wer sie gewähren lässt,
dem wird sie Rosen bringen.

Friedrich Rückert

Weisheit und Wissenschaft

Bedenkenswertes aus der Hirnforschung

Es ist eine Binsenweisheit: Alte Menschen werden vergesslich und kommen geistig nicht mehr so mit. Menschen ab 50 hört man denn auch zunehmend seufzen: „Hab ich vergessen, ich werde alt!" oder: „Ach nein, Vokabeln lernen ist jetzt nichts mehr für mich, in meinen Kopf geht nichts mehr rein."

Für alles gibt es wissenschaftliche Studien, auch über die geistige Leistungsfähigkeit älterer Menschen. Beginnen wir gleich mit dem oben genannten Kopf, in den angeblich „nichts mehr reingeht". Man ist versucht zu meinen, dass im Alter das Gehirn „voll" ist – so viel wie über die Jahrzehnte hineingestopft worden ist! Aber weit gefehlt: Die Hirnforscher versichern, dass das Gedächtnis praktisch unbegrenzte Kapazitäten hat.

Eine andere Sache ist allerdings, die neuen Informationen überhaupt in das Gehirn *hinein*zubringen. Wie schon Aristoteles sagte (zu dessen Zeit man auf

Tafeln nicht schrieb, sondern ritzte): Eine neue Wachstafel ist weich und lässt sich leicht einritzen, eine alte wird hart und spröde. Zweifellos verringert sich mit zunehmendem Alter die Fähigkeit, Informationen aufzunehmen und abzuspeichern. Dieser Rückgang beginnt sogar schon im jugendlichen Alter von 20 Jahren, ab ca. 60 geht es allerdings deutlich schneller. Das ist aber nicht nur Schicksal, sondern hat auch sehr viel damit zu tun, dass das Gedächtnis im höheren Alter, vor allem nach dem Eintritt in den Ruhestand, meist weniger gefordert wird: Der Denkapparat kommt aus dem Training. Daraus folgt die gute Nachricht: Dagegen kann man etwas tun!

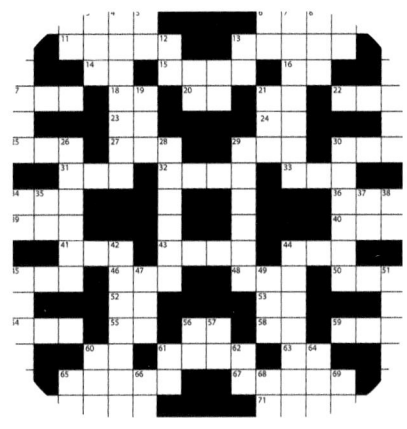

Vor allem sollten wir uns davor hüten, unsere Geisteskräfte vorzeitig aufzugeben. Das wird nämlich schnell zur „selbsterfüllenden Prophezeiung". Sehr schön zeigt das eine Studie, in der zwei Vergleichsgruppen im Seniorenalter Gedächtnisaufgaben bewältigen sollten, zum Beispiel sich die Reihenfolge bestimmter Handlungen merken. Eine der Gruppen erhielt vorab ein Medikament zur Steigerung der Gedächtnisleistung, und sie schnitt auch tatsächlich deutlich besser ab. Was mag das für ein großartiger Wirkstoff gewesen sein? Objektiv: gar keiner – die Pillen waren nämlich ein reines Placebo! Subjektiv: ein sehr starker, nämlich die Erwartungen an sich selbst. So viel kann „Einbildung" bewirken – zum Guten wie zum Schlechten.

Wenn das alt gewordene Gehirn nicht mehr so gut arbeitet wie das junge, dann liegt das vor allem an der nachlassenden Denk*geschwindigkeit*. Andererseits hat der gereifte Denkapparat aber auch besondere Stärken. Faktenwissen und Wortschatz, die man sich im Lauf des Lebens peu à peu angeeignet hat, bleiben erhalten oder nehmen bis ins Alter von etwa 80 Jahren sogar noch zu. Auch logisches Denken und die räumliche Wahrnehmung bleiben weitgehend ungetrübt.

In mancher Hinsicht sind in Vergleichstests die Alten sogar *besser* als die Jungen, nämlich bei verwickelten Problemen, die viel Wissen und Erfahrung erfordern und sich eher intuitiv lösen lassen. Die Langsamkeit kann sich hier sogar positiv auswirken: Der ältere Mensch geht im wahrsten Sinne des Wortes mit Bedacht an die Dinge heran, während Jüngere zu übereilten Schlussfolgerungen neigen. Eine besondere Stärke im Alter liegt im Umgang mit „komplexen sozialen Situationen", sprich: zwischenmenschlichen Reibungen. Denn lebenserfahrene Menschen können Verstand und Gefühl besser zusammenbringen, insbesondere „verständig" mit den eigenen negativen Gefühlen umgehen. Sie sind eher in der Lage, die Perspektive eines anderen einzunehmen, und insgesamt emotional stabiler.

Nun sind all dies wohlgemerkt wissenschaftliche, statistische Erkenntnisse über (geistig) gesunde Senioren, und im Einzelfall kennt wahrscheinlich jeder auch krasse Gegenbeispiele. Das ändert aber nichts daran, dass im Großen und Ganzen Ältere gelassener werden, einen besseren Überblick haben und eher in der Lage sind, von sich selbst abzusehen. Zu dieser geistig-seelischen Verfassung passen zwei schöne altmodische Wörter: Demut und Weisheit.

Demut heißt: Grenzen erkennen und akzeptieren, insbesondere die eigenen. Und Weisheit ist eine schwer fassbare Mischung aus Wissen, Erfahrung, (Mit-)Gefühl und Achtsamkeit, die zu einem intuitiven, ausgewogenen Urteil befähigt. Man kann wohl nicht weise werden *wollen*, aber es ist ein schönes Ziel – und wie wir sehen, stehen die Chancen nicht schlecht!

> *So zieht nun an als die Auserwählten Gottes,*
> *als die Heiligen und Geliebten,*
> *herzliches Erbarmen, Freundlichkeit, Demut,*
> *Sanftmut, Geduld.*
>
> *Kolosser 3,12*

Die zweite Hälfte seines Lebens
verbringt der Weise damit,
sich von den Torheiten, Vorurteilen
und irrigen Ansichten zu befreien,
die er sich in der ersten
zu eigen gemacht hat.

Jonathan Swift (1667–1745)

In der Jugend lernt,
im Alter versteht man.

Marie von Ebner-
Eschenbach (1830–1916)

Mit dem Alter nimmt man
an Torheit und Weisheit zu.

François de La Rochefoucauld
(1613–1680)

Ein alter
Fuchs
kennt
die Falle.

Sorbisches
Sprichwort

Das Alter,
das man haben möchte,
verdirbt das Alter,
das man hat.

Paul Heyse (1830–1914)

Alter ist Freiheit,
Vernunft,
Klarheit, Liebe.

Leo Tolstoi (1828–1910)

Das Alter ist
von Natur aus
redseliger.

Marcus Tullius Cicero
(106–43 v. Chr.)

Gereifte Genüsse

Manchmal gilt: je älter, je besser

Das Wort „alt" hat, wie man heute sagt, kein gutes Image. Dabei gibt es in Gottes schöner Welt eine ganze Reihe von Dingen, die mit zunehmendem Alter immer besser werden. Meistens sind es schöne Dinge, genussvolle.

Als Erstes fällt einem da natürlich der Wein ein: alter, gereifter Wein. Ähnliches gilt für Cognac, Whiskey und dergleichen. Oder auch Käse oder Schinken: „in Ruhe gereift". Für all diese Köstlichkeiten gilt: je älter, je besser und, nach den Kriterien unserer Zeit, natürlich auch teurer.

Freilich hat das Je-älter-je-besser auch seine Grenzen. Nicht jeder Wein verträgt es, wenn man ihn zehn Jahre in den Keller legt – er muss schon die Substanz dafür haben. Die bilderreiche Weinsprache macht diese Qualität geradezu fühlbar. Da spricht man von „schwer" oder „körperreich", vom „Tanningerüst" oder vom „Rückgrat" eines Weines.

Das Reifen ist und bleibt ein geheimnisvoller Vorgang, auch wenn man manches davon mitt-

lerweile erklären kann. Der Keller-meister (heute sagt man auch gern „Weinmacher") ist immer wieder gespannt, wie der Tropfen sich entwickelt hat, wenn er von Zeit zu Zeit eine Probe aus dem Fass nimmt. In der Flasche reift der Wein dann still und leise weiter und geht dabei seinen ganz eigenen, unvorhersagbaren Weg. Mögen die jungen Weine einer Lese sich noch ähneln – ein alter Wein wird immer „unterscheidbarer", er wird besonders, unwiederholbar, ein einmaliges Geschenk der Natur.

Offensichtlich gibt es einen bedeutenden Unterschied zwischen (einfach nur) „altern" und „reifen". Letzteres kennen wir vor allem von Früchten: Erst sind sie grün, hart und sauer, dann irgendwann süß, saftig, also reif – nämlich dann, wenn wir sie mit dem höchsten Genuss verzehren können. Sie haben sich zum Besten entwickelt.

Alter und Reife hängen zwangsläufig zusammen, denn Reifen braucht Zeit. Daher gibt es keine Reife ohne ein gewisses Alter. Reife ist etwas Schönes, Erstrebenswertes. Wenn ich mir also „alt" vorkomme – was hindert mich daran, mich stattdessen doch lieber als „reif" zu betrachten? Oder, wenn die Bescheidenheit mir das verbietet (denn reif hieße ja: zur Vollkommenheit entwickelt), doch zumindest als „gereift"?

„Ich bin ein gereifter Mensch." Wie schmeckt mir das? Ich zögere. Im Reifen steckt die Entwicklung aufwärts, hin zum Besseren. In Sachen Früchte, Wein und Käse ist das leicht zu fassen. Aber ich? Was wäre die höchste „Genussreife" eines Menschen?

Lassen Sie mich den Gedanken umdrehen: Wenn ich reifen will wie ein Wein – dann müsste es mein ganzes Streben sein, meinen Mitmenschen höchsten Genuss zu bieten. Den höchsten „Genuss" mei-

ner Person. Ist das vermessen? Nein. Schließlich bin ich ein Gewächs in Gottes schöner Welt, so wie der Weinstock. Und sicher habe ich das ein oder andere zu geben, was meinen Mitmenschen Freude macht oder zumindest guttut. Und wenn es nur mein Hefezopf wäre. Oder die Kenntnis alter Gedichte. Oder ein Talent zum Zuhören. Oder sei es nur, auch wenn es widersinnig klingen mag, die gelassene Bereitschaft, von anderen dankbar Hilfe anzunehmen. Eben all diese kleinen und großen Fähigkeiten, die im Laufe eines langen Lebens in mir gereift sind, auf meine ganz eigene besondere Art. So möchte ich sein: wie ein alter Wein. Und mich verschenken.

Niemand, der vom alten Wein trinkt,
will neuen; denn er spricht:
Der alte ist milder.

Lukas 5,39

Das große Miteinander

Ein Bibelwort für Stadtplaner

> *So spricht der Herr Zebaoth: Es sollen hinfort wieder sitzen auf den Plätzen Jerusalems alte Männer und Frauen, jeder mit seinem Stock in der Hand vor hohem Alter, und die Plätze der Stadt sollen voll sein von Knaben und Mädchen, die dort spielen.*
>
> Sacharja 8,4.5

So soll es aussehen, wenn Gott bei den Menschen wohnt. Die Alten sitzen auf den Plätzen, und zwar ausdrücklich Männer *und* Frauen. Sie sind sichtbar, mittendrin, sie gehören dazu, mit allen ihren Gebrechen („Stock in der Hand"). Dort spielen auch die Kinder (ausdrücklich Knaben und Mädchen), auch wenn sie beim Spielen sicher rennen und schreien. Sie sind nicht im Kindergarten oder auf dem Spielplatz, sondern mitten in der Stadt.

Junge, Alte, Männer, Frauen, alle sind miteinander draußen, auf den Plätzen, in der Öffentlichkeit. So also soll die Stadt beschaffen sein, dass dort die Alten sitzen und die Kinder spielen können. Die Alten und die Kinder, das sind die Schwachen und Hilfebedürftigen, prägen dann das Bild der Gemeinschaft. Geht es ihnen gut, geht es allen gut. Die altengerechte Stadt ist auch die menschengerechte Stadt. Und die Stadt steht für die Welt, wie sie idealerweise sein soll.

Auch beim Propheten Joel sind Alte und Junge im Geist Gottes vereint nach der großen Versöhnung, wenn Gott „mitten unter Israel" ist: „… eure Alten sollen Träume haben, und eure Jünglinge sollen Gesichte sehen" (Joel 2,27 und 3,1), und bei Jeremia „werden die Jungfrauen fröhlich beim Reigen sein, die junge Mannschaft und die Alten miteinander" (Jer 31,13).

Alle sind dabei, die Starken und die Schwachen, die Alten und die Jungen, in einem großen Miteinander, in dem sich Gottes liebevolle Gegenwart widerspiegelt.

Anfang und Ende
Die Alten im Neuen Testament

Die Welt der Bibel ist in unserem Bewusstsein bevölkert mit alten Männern, was weniger an der Bibel liegt als an den traditionellen christlichen Bilderwelten. Für das Alte Testament mit seinen hochbetagten Protagonisten mag das noch einsichtig sein, weniger jedoch für das Neue Testament. Bei der Betrachtung von Bibelillustrationen und Gemälden muss man sich oft genug fragen, wie die Heiligen Drei Könige (oder jedenfalls die zwei hellhäutigen unter ihnen) diese weite Reise geschafft haben sollen. Auch Josef wird gern als Greis dargestellt, wohl um zu illustrieren, dass ganz gewiss nicht er der Vater des Kindes in der Krippe ist.

Man fragt sich allerdings, woher dann die zahlreichen Geschwister Jesu kommen, von denen in den Evangelien die Rede ist. Auch auf unzähligen Abendmahlsbildern sind im Jüngerkreis Graubärte und Kahlköpfe auffallend stark vertreten, obwohl gar nicht einzusehen ist, warum ein Jesus im Twen-Alter (denn er wurde bekanntlich nur 30) mit lauter Senioren durchs Land gezogen sein sollte. Der Verdacht drängt sich auf, dass auf den alten Darstellungen nicht die biblische Sachlage wiedergegeben ist, sondern das zeitgenössische Bild der Kirche und ihrer Würdenträger.

Zacharias und Elisabeth

Aber auch im Neuen Testament begegnen uns Hochbetagte in wichtigen Rollen. Auffallend sind die vier alten Menschen, die im Lukasevangelium ganz am Anfang stehen. Da sind zuerst einmal, noch vor Christi Geburt, der Priester Zacharias und seine Frau Elisabeth, ein kinderloses altes Paar. Im Tempel kündigt ein Engel Zacharias an, dass die hochbetagte Elisabeth ihm nun doch noch einen Sohn gebären werde. Zacharias meldet Zweifel an, verständlicherweise, denn die Ansage widerspricht jeder Vernunft und ist auch zu schön, um wahr zu sein. Er hatte sich eingerichtet in der Welt, wie sie ist: leider kein Erbe. Und nun soll plötzlich alles anders werden? Gerade der erfahrene Mensch zeichnet sich dadurch aus, dass er sich auch einer erhofft positiven Veränderung nicht gleich mit Begeisterung entgegenwirkt, sondern eine – oftmals gesunde – Skepsis an den Tag legt. „Konservativ" nennt man das auch. Allerdings: In diesem Falle irrt sich der lebenskluge alte Mann und muss verstummen, also schlicht den Mund halten, bis die Ankündigung erfüllt ist. Er darf dem großen Neuen, das da kommt, nicht mit seiner altväterlichen Vernunft im Weg stehen, muss zurücktreten und geschehen lassen. Da blitzt etwas vom Generationenkonflikt auf zwischen vorwärtsdrängender Jugend und zurückhaltendem Alter. Daraus lässt sich eine Mahnung zur Wachsamkeit herauslesen: Es gibt einen Unterschied zwischen Besonnenheit und Bedenkenträgertum! Alles wird gut, ein Kind wird geboren und erhält den Namen, der ihm bestimmt ist: Johannes, den man später den Täufer nennen wird.

Simeon und Hannah

Auch die zweite Begebenheit mit hochbetagten Hauptpersonen ereignet sich kurz nach Christi Geburt ebenfalls im Tempel. Der alte Simeon wartet schon viele Jahre lang auf den Messias, den „Trost Israels", und erkennt ihn in dem Säugling, den Maria und Josef in den Tempel bringen. Endlich! „Meine Augen haben deinen Heiland gesehen", ruft er, nun kann er in Frieden sterben. Gleich darauf tritt Hannah heran, 84 Jahre alt, schon in jungen Jahren verwitwet, kinderlos und somit eigentlich eine Randgestalt der Gesellschaft, die aber als Prophetin vorgestellt wird. Und sie „pries Gott und redete von ihm zu allen, die auf die Erlösung Jerusalems warteten". Zwei Menschen sind dies, die im hohen Alter noch voller Erwartung sind. Sie sind voller Vertrauen darauf, dass alles anders wird, besser – dass alles gut wird. Eigentlich liest sich die Geschichte wie eine erweiterte Krippenszene: Der Heiland ist da! Nur dass die Alten dem Kind Jesus nicht weit draußen im Stall begegnen, sondern mitten in Jerusalem im Tempel. Dort warten die Alten, am vertrauten heiligen Ort, und das Kind wird zu ihnen gebracht. Für Simeon ist das Leben damit vollendet, und Hannah macht sich sogar noch einmal auf den Weg, um – wie die Hirten – ihre Freude mit allen zu teilen.

Es ist bemerkenswert, dass diese vier ausdrücklich als alt eingeführten Menschen ganz am Anfang der Jesusgeschichte erscheinen. Das Alter bringt man üblicherweise nicht mit Anfängen in Verbindung. Doch das Neue wurzelt im Alten, der Tempel ist Bindeglied zum Glauben der Vorfahren. Die fatalen Widerstände derer, die am Status quo festhalten wollen, werden erst später eine Rolle spielen. Diese Alten hier begrüßen und segnen das Neue, das da kommt. Mit ihnen, die am Ende ihres Lebens stehen, beginnt die Zukunft.

Mit den Jahren runzelt die Haut,
mit dem Verzicht auf Begeisterung aber
runzelt die Seele.

Albert Schweitzer

Wie schön ist's,
wenn die grauen Häupter urteilen können
und die Alten Rat wissen.
Wie schön ist Weisheit bei den Alten
und bei Angesehenen Überlegung und Rat.
Die Krone der Alten ist reiche Erfahrung;
und ihre Ehre ist die Furcht des Herrn.

Jesus Sirach 25,4-6

Nichts ist selbstverständlich

Danke, dass ich danken kann

Ich glaube, den jüngeren Menschen von heute fehlt etwas ganz Wichtiges. Ihnen fehlt der Mangel. Ein Widerspruch? Durchaus nicht. Wer einmal Mangel erfahren hat, der hat einen anderen Blick aufs Leben. Dem fällt es viel leichter, von unten nach oben zu sehen, nicht von oben nach unten. Also: Wunderbar, ich bekomme etwas, statt: Dies und jenes steht mir zu, das darf mir keiner vorenthalten.

Wenn ich Mangel sage, dann meine ich damit nicht vorübergehende Engpässe wie in der Anfangszeit der Corona-Pandemie, als mancher zum ersten Mal im Leben vor leeren Regalen oder in einer Schlange vor dem Supermarkt stand und Leute aus den neuen Bundesländern ein überraschendes Déjà-vu erlebten. Nein, ich meine den Mangel als Normalzustand.

In meiner Kindheit war es zum Beispiel ein Ereignis, wenn wir ein paar Münzen bekamen, um uns je eine (!) Kugel Eis zu holen. Dafür marschierten wir voller Vorfreude 20 Minuten zur Eisdiele. Waren wir bei Onkel und Tante zu Besuch, zog die sechsköpfige Kinderschar los, um zwei (!) Flaschen Limonade zu kaufen, was für ein Fest!

Marmelade war sparsam zu verwenden, und auf eine Scheibe Brot kam eine Scheibe Wurst, keinesfalls mehr. Ich konnte mich selten beherrschen und aß erst die Wurst und dann das Brot, meine Schwester machte es umgekehrt und grinste mich triumphierend an, gemein. Ich putzte Schuhe und fegte die Treppe, für die Belohnung konnte ich mir ein (!) Micky-Maus-Heft kaufen. Der Roller zum Geburtstag – gebraucht, aus dritter (!) Hand vom Cousin – war mein ganzer Stolz.

Mir geht es gewiss nicht um edle Armut – ich kenne Altersgenossen, die als Kinder wirklich nicht genug zu essen hatten und abends hungrig ins Bett gehen mussten. Gott bewahre, das darf nicht sein! Und natürlich hätte ich damals gern von allem mehr bekommen, und bequemer. Aber wenn ich doch einmal etwas bekam, auch nur Kleinigkeiten, dann war es eine Gabe, ein Geschenk, eine Freude. Mir tun wirklich alle leid, besonders die Kinder, die vor lauter Überfluss nur noch „mehr, mehr, mehr!" rufen können. Wenn ich meinen Enkelkindern davon erzähle, denken sie allerdings wahrscheinlich etwas Ähnliches wie ich damals, wenn mein Opa mir von Zuckerbutterbrot am Sonntag und Socken unterm Weihnachtsbaum vorschwärmte.

Was mich freut: Bei jüngeren Menschen ist heute manchmal ein Überdruss am Überfluss zu erkennen. Man sammelt Wildkräuter, zieht selbst Gemüse im

Blumenkasten oder Kartoffeln im Garten. Beim Camping wird auf der Gasflamme Suppe gekocht und dann am Boden hockend verspeist, und wenn der Regen aufs Zelt trommelt, ist es gerade gemütlich. Natürlich ist das alles eher ein Spiel. Trotzdem: Die warme Dusche und das weiche Bett kann man anschließend ganz anders wertschätzen und spürt: Das ist alles nicht selbstverständlich.

So kann das Bewusstsein wachsen, dass alles ein Geschenk ist: Die Welt, das Leben – alles ein Geschenk, eine Gottesgabe. Es ist nicht so, dass mir all das zustünde. Jeder kann sich glücklich schätzen, der von Herzen in dieser Überzeugung lebt. Ich glaube, wir Älteren haben da einen echten Vorteil.

Fisch auf dem Teller

Eine kleinere Portion Fisch für ein oder zwei Personen bereitet man sehr praktisch auf folgende Weise zu: Ein Suppenteller wird leicht mit Fett bestrichen. Die Fischstücke, die man, wenn sie sehr dick sind, spaltet, werden daraufgelegt, gesalzen und mit ein oder zwei Löffel Milch oder Molke, eventuell auch Wasser überfüllt. Der Teller wird auf einen Topf mit kochendem Inhalt gestellt, mit einem Deckel oder einem zweiten umgestülpten Teller zugedeckt und so in 10 bis 15 Minuten gedünstet. Auf diese Weise kann man Kartoffeln und Fisch zu einer Mahlzeit auf einer einzigen Flamme herstellen.

Wie man sich zu helfen wusste

Hier einige Original-Kostproben aus einer Zeit, als der Mangel Alltag war. So manche haben es noch selbst erlebt, zumindest als Kind.

Koch-Rezepte

Geröstete Suppe mit Kräuterschnitten

Mehl oder Grieß rösten wir mit geschnittener Zwiebel in Fett hell an und gießen mit Wasser zu dem benötigten Quantum Suppe auf. Eventuell dicken wir noch mit kalt angerührtem Mehl nach und schmecken auf Salz ab. Dazu reichen wir Röstbrotschnitten mit Kräuterbutter aus den ersten Wildgemüsen. Gänseblümchenblätter, Löwenzahn, Hirtentäschel und was sonst noch an Wildkräutern zu finden ist waschen wir kurz, aber gründlich und vermischen sie mit den gewiegten Käutern, denen wir auch noch etwas fein zerkleinerten Schnittlauch beigeben können.

Fastnachtspfannkuchen (Ersatz)

Runde weiche Brötchen schneidet man auf und betropft sie mit etwas Zuckerwasser, so viel, wie sie aufnehmen, ohne aufzuweichen. Man kann diesem Wasser auch etwas (aber nicht zuviel) Branntwein zufügen. Dann legt man in die Mitte des unteren Brötchenteils ein nußgroßes Häufchen Marmelade, klappt den Oberteil darüber und brät die Brötchen in der Pfanne in Fett auf beiden Seiten. Man bestreut sie nach dem Braten mit Zucker.

Einmal wird uns gewiss die Rechnung präsentiert
für den Sonnenschein und das Rauschen der Blätter,
die sanften Maiglöckchen und die dunklen Tannen,
für den Schnee und den Wind, den Vogelflug
und das Gras und die Schmetterlinge,
für die Luft, die wir geatmet haben,
und den Blick auf die Sterne
und für alle die Tage, die Abende und die Nächte.

Einmal wird es Zeit, dass wir aufbrechen
und bezahlen; bitte die Rechnung.
Doch wir haben sie ohne den Wirt gemacht:
Ich habe euch eingeladen, sagt der
und lacht, soweit die Erde reicht:
Es war mir ein Vergnügen!

Lothar Zenetti

Textnachweis

Die Bibelzitate sind entnommen aus: Lutherbibel, revidierter Text 2017, © 2016 Deutsche Bibelgesellschaft, Stuttgart und (Seite 31) Gute Nachricht Bibel. © 2018 Deutsche Bibelgesellschaft, Stuttgart.

Bildnachweis

Titel: © iStockphoto.com/goikmitl; **Seite 4/5:** © Mimomy/stockadobe.com; **Seite 6/7:** © JackF/stockadobe.com; magdal3na/stockadobe.com; **Seite 8:** © knipser5/pixelio; **Seite 9:** © Steve Mann/stockadobe.com; **Seite 10:** © iStockphoto.com/elfgradost; **Seite 11:** © iStockphoto.com/Lisa5201; **Seite 12/13:** © Rainer Sturm/pixelio; **Seite 15:** © iStockphoto.com/Kirill_Savenko; **Seite 16/17:** © bennyartist/stockadobe.com; **Seite 18/19:** © Baan Taksin Studio/stockadobe.com; **Seite 20/21:** © iStockphotos.com/mediaphotos; **Seite 22/23:** © ileach/stockadobe.com; **Seite 23:** © santiago silver/stockadobe.com; **Seite 24 unten:** © De Visu/stockadobe.com; **Seite 25:** © Rainer Sturm/pixelio; **Seite 28/29:** © Robert Schneider/stockadobe.com; **Seite 30/31:** © iStockphoto.com/smartboy10; **Seite 32:** © iStockphoto.com/amriphoto; **Seite 34 oben:** © Tiramisu Studio/stockadobe.com; **Seite 34 unten:** © womue/stockadobe.com; **Seite 35 oben:** Straßenbahnszene in Leipzig, 1950, © Deutsche Fotothek, CC BY-SA 3.0 DE; **Seite 35 unten:** Stralsund, Tankdienst Rügendamm, 1966, © akg-images/ddr.bildarchiv.de; **Seite 37:** © iStockphoto.com/kemalbas; **Seite 38/39:** © baphotte/adobestock.com; **Seite 40 oben:** © iStockphoto.com/navi412; **Seite 40 unten:** © iStockphoto.com/enisaksoy; **Seite 42:** © iStockphoto.com/ jacoblund; **Seite 43:** © iStockphoto.com/skynesher; **Seite 44:** © Jeanette Dietl/adobestock.com; **Seite 44/45:** © iStockphoto.com/Spiderplay; © Prin/stockadobe.com; **Seite 46:** © BillionPhotos.com/adobestock.com; **Seite 47 oben:** © elmar gubisch/adobestock.com; **Seite 47 unten:** © New Africa/adobestock.com; **Seite 48:** © ThomBal/adobestock.com; **Seite 49:** © WavebreakMediaMicro/adobestock.com; **Seite 50:** © toricheks/adobestock.com; **Seite 51:** © scusi/adobestock.com; **Seite 52:** Tom von Dreger, Das letzte Abendmahl, 1916 (Ausschnitt), Public Domain; **Seite 55:** Rembrandt, Simeon im Tempel, 1631 (Ausschnitt), Public Domain; **Seite 56:** © iStockphoto.com/Cecilie_Arcurs; **Seite 57:** © Ljupco Smokovski/adobestock.com; **Seite 58:** Schulkinder in Berlin-Bohnsdorf, 1950, © Bildarchiv Pisarek/akg-images; **Seite 59:** eflstudioart/adobestock.com; **Seite 60 oben:** © Jeanette Dietl/adobestock.com; **Seite 60 unten:** © fottoo/adobestock.com; **Seite 62/63:** © www.push2hit.de/adobestock.com

Da die Texte und Bilder für diesen Band über einen längeren Zeitraum hinweg gesammelt wurden, ist es uns möglicherweise nicht in allen Fällen gelungen, die derzeitigen Rechteinhaber zu ermitteln. Ggf. bitten wir Urheber oder Verlage, mit uns Verbindung aufzunehmen.

AGENTUR
DES RAUHEN HAUSES
SEIT 1842

© Agentur des Rauhen Hauses Hamburg 2021

Gedruckt in Deutschland

ISBN 978-3-7600-1317-6

Best.-Nr. 1 1317-6